THOMAS JEFFERSON
ET LA DÉCLARATION D'INDÉPENDANCE
Entre idéaux et réalités du pouvoir

par Mélanie Mettra

Avec la collaboration de Christelle Klein-Scholz

THOMAS JEFFERSON

CARTE D'IDENTITÉ

- **Naissance ?** Le 13 avril 1743 dans le comté d'Albemarle (Virginie)
- **Mort ?** Le 4 juillet 1826 à Monticello (Virginie)
- **Parti politique ?** Parti républicain-démocrate
- **Dates des élections ?**
  - Le 17 février 1801
  - Le 5 décembre 1804
- **Durée du mandat ?** 8 ans
- **Apports majeurs ?**
  - La rédaction de la Déclaration d'indépendance
  - La restriction du rôle du gouvernement fédéral
  - L'achat de la Louisiane
  - L'expédition Lewis et Clark

INTRODUCTION

Thomas Jefferson est l'un des pères fondateurs de la nation américaine. Originaire de Virginie et grand propriétaire terrien, tout comme George Washington (1732-1799) dont il est le secrétaire d'État entre 1789 et 1795, il participe à l'élaboration de la Constitution de son État. Écrivain et pamphlétaire de talent, il est aussi et surtout l'auteur principal du texte de la Déclaration d'indépendance.

Vice-président sous John Adams (1735-1826), il accède à la mandature suprême en 1801. Alors que les bases fédéralistes ont été jetées par ses prédécesseurs, Thomas Jefferson ancre les institutions américaines et leur donne une orientation résolument républicaine.

C'est à lui que l'on doit l'acquisition de la Louisiane par les États-Unis et du même coup le doublement de la superficie du territoire national. C'est également à son initiative que s'ouvre l'épopée fondatrice de l'identité américaine, la conquête de l'Ouest, par la grande expédition qu'il commandite et qui sera menée par Meriwether Lewis (explorateur et soldat américain, 1774-1809) et William Clark (explorateur américain, 1770-1838). Homme de lettres cultivé et curieux de tout, il consacre la fin de sa vie à la création de la future université de Virginie.

BIOGRAPHIE

UNE ENFANCE PRIVILÉGIÉE

Thomas Jefferson est né le 13 avril 1743 dans le comté d'Albemarle. Son père, Peter Jefferson (1708-1757), est à la fois régisseur de plantations et planteur, commandant d'une milice locale et acteur de la vie politique, tandis que sa mère, Jane Randolph (1721-1776), est issue d'une riche famille virginienne. Thomas Jefferson grandit donc dans un milieu social aisé et de notabilité. Alors qu'il n'a que 14 ans, il hérite de la plantation de son père lors de son décès en 1757.

En 1760, il rejoint les bancs du collège *William and Mary*, où il jouit d'une éducation lettrée exigeante, abordant aussi bien la philosophie que les langues anciennes – qu'il affectionne particulièrement –, la littérature et les sciences. L'enseignement qu'il reçoit est fortement influencé par la philosophie des Lumières venue d'outre-Atlantique qui affirme la toute-puissance de la raison. Par la suite, il s'oriente vers le droit et intègre le barreau de Virginie en 1767. Plus doué de sa plume que reconnu pour ses talents d'orateur, Thomas Jefferson est très vite apprécié dans son entourage professionnel, en particulier pour sa vision politique et sociétale du droit.

L'ENTRÉE EN POLITIQUE

Il épouse en 1772 Martha Wayles Skelton (1748-1782), veuve et fille d'un éminent juriste, et s'installe avec elle dans une petite maison au cœur de ses plantations qu'il nomme *Monticello*. Passionné d'architecture, il réalise lui-même les plans de la bâtisse et l'agrandit au fil des années pour en faire une vaste demeure inspirée des architectures vénitienne et française.

Membre de la Chambre des bourgeois de Virginie (la future Assemblée générale de l'État), il s'y illustre par ses prises de position contre le gouvernement britannique et sa politique coloniale. Il rédige ainsi en 1774 un *Aperçu sommaire des droits de l'Amérique britannique* devant servir de *vade-mecum* aux délégués de Virginie lors de la réunion du Premier Congrès continental. Le pamphlet, même s'il n'est pas retenu parce que jugé trop extrême, est diffusé à Londres, Philadelphie et New York, contribuant à la réputation du jeune Jefferson. C'est grâce à cela qu'il est désigné par le Second Congrès continental, en 1776, pour rédiger la Déclaration d'indépendance avec Benjamin Franklin, John Adams, Roger Sherman (avocat et homme d'État américain, 1721-1793) et Robert Livingston (homme d'État américain, 1746-1813).

BON À SAVOIR

Adoptée par le Congrès continental le 4 juillet 1776, un an après le début de la guerre qui oppose les treize colonies au Royaume-Uni, la Déclaration d'indépendance, dont Thomas Jefferson est le principal auteur, est un document largement inspiré de la philosophie des Lumières, notamment de la pensée de John Locke (philosophe anglais, 1632-1704) et de Thomas Paine (écrivain et homme politique anglais, 1737-1809). Outre l'énoncé des griefs et atteintes commis par le Royaume-Uni envers les Américains, elle affirme l'égalité entre tous les hommes et expose leurs droits inaliénables : la vie, la liberté et la quête du bonheur. Elle revendique également le principe de consentement des gouvernés et le droit à l'insurrection contre un gouvernement jugé tyrannique. Toutefois, le texte initial est expurgé de toute mention de l'esclavage, question pourtant cruciale dans l'histoire des États-Unis.

Pendant la guerre d'Indépendance (1775-1782), alors qu'il est gouverneur de la Virginie, les Britanniques envahissent cet État. Contrairement à George Washington, qui s'est illustré sur les champs de bataille, Thomas Jefferson est vivement critiqué pour son manque de courage lorsqu'il fuit devant Charlottesville alors qu'il est sur le point d'être capturé. Il retourne à *Monticello*, où il rédige ses *Notes sur la Virginie*, dans lesquelles il dépeint le territoire de son État et ses idées politiques, traitant notamment de religion, d'éducation et d'esclavage. Appelé au Congrès de la Confédération (successeur du Second Congrès continental) en 1783, il y défend, sans succès, l'adoption du système décimal pour la monnaie, mais jette surtout les bases de l'ordonnance du Nord-Ouest, ratifiée en 1787. Celle-ci reconnaît les tribus indiennes comme des nations avec lesquelles il est possible de traiter afin de négocier des territoires et fixe les conditions d'accession au statut d'État.

En 1785, Thomas Jefferson est nommé ambassadeur en France, à la suite de Benjamin Franklin. Admirateur de la culture française, il y observe de près les prémices de la Révolution (1789), qui lui inspirent une riche correspondance avec son ami James Madison (futur président des États-Unis, 1751-1836). Il approuve la Constitution américaine, signée en 1787, tout en soutenant la nécessité d'amendements indispensables à la protection des libertés.

Lors de l'élection de George Washington comme premier président des États-Unis, il est nommé secrétaire d'État. Quoiqu'ayant toute la confiance du président, il est régulièrement déstabilisé dans ses prises de position – telles que le soutien à la France et la méfiance vis-à-vis de l'Angleterre ou encore l'orientation économique du pays – par le soutien qu'accorde George Washington à son secrétaire au Trésor, Alexander Hamilton (1755-1804). S'opposant à l'idéologie « fédéraliste » de ce dernier, Thomas Jefferson jette les bases du futur Parti républicain-démocrate.

LES ÉLECTIONS À LA PRÉSIDENCE

Battu aux élections qui suivent le mandat de George Washington et qui placent à la tête du pays John Adams, il remplace ce dernier à la vice-présidence jusqu'en 1801. Les relations entre les deux hommes sont toutefois tumultueuses, Thomas Jefferson étant régulièrement en désaccord avec les décisions prises par le président, en particulier à propos des lois sur les étrangers et la sédition (1798). C'est à cette époque qu'il rédige la résolution du Kentucky, qui prévoit la possibilité pour un État de juger qu'une loi fédérale va à l'encontre de la Constitution. Même si le texte n'est pas adopté, il servira de base au fonctionnement du Congrès pendant les décennies à venir.

Au terme du mandat de John Adams, Thomas Jefferson est élu président en février 1801, puis en novembre 1804. Durant huit ans, il réduit les dépenses des armées terrestre et maritime, supprime les taxes qui ont causé des émeutes sous la présidence de ses deux prédécesseurs et parvient à réduire la dette nationale. En 1803, en achetant la Louisiane à Napoléon Bonaparte (empereur des Français, 1769-1821) et en organisant avec son conseiller personnel, Meriwether Lewis, l'exploration des nouveaux territoires, il double la surface des États-Unis.

En politique internationale, il reste ferme sur la neutralité de son pays face au nouveau conflit qui oppose la France à la Grande-Bretagne (1793-1802).

À la fin de son second mandat, en mars 1809, il refuse de se représenter, suivant en cela l'exemple de George Washington, et se retire à *Monticello*. Là, il se consacre pleinement à sa passion pour la culture et le savoir en créant l'université de Virginie, dont l'inauguration a lieu en 1819.

Il meurt le 4 juillet 1826, 50 ans après la proclamation de la Déclaration d'indépendance.

CONTEXTE POLITIQUE, SOCIAL ET ÉCONOMIQUE

UNE POLITIQUE ÉCONOMIQUE FÉDÉRALISTE CONTESTÉE

Au début du XIXe siècle, l'agriculture est le secteur économique dominant. Neuf Américains sur dix travaillent dans des exploitations, majoritairement situées dans le Sud du pays, et dans des fermes à vocation familiale, dans les États du Centre et du Nord. Les villes naissantes ne regroupent, quant à elles, qu'un Américain sur vingt et la plus grande, New York, compte à peine plus de 20 000 habitants. Toutefois, cette petite société urbaine, surtout composée de négociants, de banquiers et d'armateurs, est dynamique et influente. Les présidents George Washington et John Adams l'ont bien compris et accordent leur soutien aux théories du fédéraliste Alexander Hamilton. Selon ce dernier, les États-Unis ont besoin d'un gouvernement fédéral fort et d'une économie reposant sur un système produisant du capital et encourageant les investissements. Ceci doit donc passer par le développement d'une industrie manufacturière de transformation des matières premières. Parallèlement, afin de financer les différents postes de responsabilité du gouvernement fédéral et de rembourser la dette contractée lors de la guerre d'Indépendance, une politique de taxation est mise en place sur les importations d'une part, mais aussi sur les produits et leur circulation à l'intérieur des États. C'est également dans cette optique qu'est fondée, en 1791, la banque fédérale des États-Unis qui devient, en 1803, la plus grande entreprise du pays dont la majorité du capital est étranger.

Toutefois, les décisions prises sont mal accueillies par la population et, après la révolte du whisky de 1794 contre la taxe sur les alcools distillés, une nouvelle rébellion éclate en 1798-1799. La situation ne fait qu'empirer lorsque, dans le but de financer le développement de l'armée et de la marine dans une période de tensions avec la France, le Congrès entérine de nouveaux impôts, dont un sur la propriété, portant aussi bien sur les terres et les habitations que sur les esclaves. Ainsi, en Pennsylvanie, État de petits propriétaires terriens comptant très peu d'esclaves, l'impôt pèse principalement sur les logements, dont la valeur est calculée d'après le nombre et la taille des portes et fenêtres. La colonie allemande qui cultive les terres situées dans le sud-est de l'État se soulève alors sous l'impulsion d'un commissaire-priseur, John Fries (1750-1818), contre les percepteurs et les collecteurs. Arrêté avec d'autre rebelles au printemps 1799, il est condamné à mort par pendaison, mais est gracié en 1800 par le président John Adams.

Au Sud, la législation douanière soulève également un vif mécontentement, car elle augmente les prix des biens manufacturés importés et entraîne les représailles des pays européens, qui réduisent leurs importations de produits agricoles en provenance de ces États.

LA « QUASI-GUERRE » CONTRE LA FRANCE

En 1793, la République française et l'Angleterre entrent en guerre. La Grande-Bretagne somme alors les États-Unis de cesser leurs relations commerciales avec la France, malgré la neutralité affichée par le gouvernement de George Washington. Aussitôt, des navires américains sont arraisonnés par ceux de la *Royal Navy* et leurs équipages menacés. Le président tente alors de régler la question par un traité signé avec l'Angleterre en 1794. Mais s'il améliore les relations des États-Unis avec la Grande-Bretagne, l'accord fragilise par contre les rapports franco-américains. La France considère en effet l'accord américano-britannique comme une alliance menée à son encontre et riposte en ordonnant la saisie des navires américains transportant des produits britanniques. C'est au nouveau président, John Adams, qu'incombe la lourde tâche de régler cette situation épineuse. Il tente d'abord la voie diplomatique, mais le Français Charles Maurice de Talleyrand-Périgord (homme politique français, 1754-1838) refuse de recevoir les émissaires américains, réclamant le paiement d'une compensation avant d'entamer la moindre négociation. Le gouvernement américain considérant cela comme une rançon, John Adams refuse le chantage et saisit le Congrès afin de voter un budget de défense dans l'éventualité d'un conflit armé. L'objectif est de renforcer la marine ainsi que la défense des côtes et de constituer une armée permanente. Quatre lois, regroupées sous le terme de « lois sur les étrangers et la sédition », sont également proposées en 1798. La première, qui concerne la naturalisation, porte de 5 à 14 ans la durée de résidence sur le territoire américain pour l'obtention de la citoyenneté. Les deux suivantes autorisent l'expulsion des résidents non américains présentant un danger pour la nation ou des ressortissants d'une nation en guerre contre les États-Unis. La dernière loi, sur la sédition, vise à punir tout écrit ou document pouvant porter atteinte à la nation et à ses représentants. Ces lois soulèvent un tollé chez les républicains-démocrates, qui y voient une atteinte aux libertés fondamentales garanties par les amendements de la Constitution.

La situation ne s'améliore guère et les incidents se multiplient dans la mer des Caraïbes, avec la capture de navires français et américains, laissant présager un conflit imminent. Mais, en 1799, alors que Napoléon Bonaparte a pris la tête de la France comme consul, les relations diplomatiques s'améliorent et le traité de Mortefontaine est signé en septembre 1800, mettant fin à cette quasi-guerre. Toutefois, elle laisse des traces indélébiles qui, ajoutées aux problèmes économiques, conduisent à la défaite de John Adams et à la victoire de Thomas Jefferson aux élections de 1801.

UNE PREMIÈRE ÉLECTION DIFFICILE, UNE RÉÉLECTION SANS ÉQUIVOQUE

Depuis son mandat de secrétaire d'État sous la présidence de George Washington, Thomas Jefferson est le chef de file du Parti républicain-démocrate. Contrairement aux fédéralistes menés par Alexander Hamilton, il est partisan d'un gouvernement fédéral aux prérogatives limitées et contrôlé par le peuple qui va de pair avec une grande indépendance laissée aux États, mettant ainsi l'accent sur les libertés individuelles.

À l'issue du mandat de John Adams, qui véhiculait les idées fédéralistes, les mécontentements sont nombreux, dus notamment aux préparatifs militaires de la quasi-guerre contre la France, aux lois sur les étrangers qui en ont découlé, mais aussi à la hausse des taxes. John Adams, qui se présente à nouveau, ne rallie donc pas l'opinion et la campagne électorale à laquelle Thomas Jefferson participe est très virulente. De violentes attaques personnelles, par journaux interposés, fusent entre les deux camps : alors que Thomas Jefferson est accusé de mener le pays vers la débauche morale, John Adams se voit, quant à lui, traité de tyran et d'imbécile.

Au premier tour de scrutin, Thomas Jefferson et son colistier Aaron Burr (1756-1836) remportent 73 voix chacun, soit 146 voix, contre 130 pour le duo John Adams-Charles Pinckney (1757-1824). Les deux candidats républicains-démocrates ayant obtenu le même nombre de voix, il est impossible de déterminer lequel sera président ou vice-président. Ce n'est qu'au bout du 35e tour de scrutin et grâce au soutien d'Alexander Hamilton, qui n'apprécie pas Aaron Burr, que Thomas Jefferson est élu président.

La réélection en 1804 de Thomas Jefferson est beaucoup plus aisée. Désigné une nouvelle fois par son groupe, il fait face à Charles Pinckney, choisi sans grande conviction par les fédéralistes. L'opinion publique est plutôt favorable à son égard, lui qui est parvenu à stabiliser la situation du pays durant son premier mandat, et les attaques réciproques entre les deux candidats sont beaucoup moins sévères que lors de sa première campagne. Les grands électeurs votent massivement pour Thomas Jefferson, qui est élu avec 162 voix contre 14.

UNE POLITIQUE INTÉRIEURE RÉSOLUMENT ANTI-FÉDÉRALISTE

Fidèle à sa conception d'un gouvernement peu interventionniste dans la politique d'États autonomes et indépendants, Thomas Jefferson commence par diminuer les dépenses fédérales : il réduit la taille de l'armée, aussi bien terrestre que navale, et le nombre d'agents de l'État. En deux ans, il parvient à réduire la dette d'un quart. Il supprime également toutes les taxes intérieures, ne conservant comme source de financement que les droits de douane.

En 1802, il abolit les lois sur les étrangers et la sédition, auxquelles il était farouchement opposé, graciant les personnes emprisonnées et ramenant l'obligation de résidence à cinq ans pour obtenir la naturalisation.

Un an plus tard, le monde judiciaire est secoué par l'affaire Marbury contre Madison, qui oppose démocrates et républicains et qui contribuera à redéfinir les liens entre le pouvoir exécutif et le pouvoir législatif.

En 1801, William Marbury (1762-1835), un homme d'affaires proche des fédéralistes, est nommé juge de paix par le président John Adams. La nomination des juges est en effet l'une des attributions du président, qu'il peut réaliser de façon discrétionnaire. Mais celle-ci a lieu à la veille de la fin de son mandat dans le but d'assurer une présence massive des membres du parti au sein du monde judiciaire et l'affectation n'est pas transmise à l'intéressé. Lorsque Thomas Jefferson est institué, il demande à James Madison, son nouveau secrétaire d'État, de ne pas remettre l'acte à William Marbury, qui est un adversaire politique. Lorsqu'il l'apprend, ce dernier porte l'affaire devant la Cour suprême, qui tranche en faveur du plaignant, en énonçant que non seulement celui-ci est en droit d'avoir recours à la Cour, mais surtout que la façon d'agir du secrétaire d'État Madison (et par voie de conséquence le président lui-même) est illégale et que le plaignant est en droit de demander une injonction. Mais si le *Judiciary Act* de 1789 lui en donne le droit, la Cour estime qu'il va à l'encontre de la Constitution, qui ne l'autorise pas à juger de l'affaire en première instance. Par cette affaire, la Cour affirme la suprématie de la Constitution sur toute loi et se reconnaît désormais un droit de regard et de contrôle sur la constitutionnalité des actes administratifs et des lois votées par le Congrès.

Le 25 septembre 1804 est ratifié le XIIe amendement à la Constitution, qui modifie le scrutin présidentiel. Alors que, jusqu'à présent, un vote unique désignait le président et le vice-président, selon l'ordre d'arrivée, cette disposition s'était avérée problématique lors de l'élection de Thomas Jefferson. Arrivé *ex æquo* avec Aaron Burr, les scrutins nécessaires pour les départager avaient suscité de vives tensions. Afin de ne pas renouveler cette expérience malheureuse, l'amendement prévoit désormais deux scrutins séparés pour l'élection de l'un et l'autre.

En matière économique, Thomas Jefferson se distingue également de ses prédécesseurs fédéralistes, en donnant à sa politique une orientation nettement agrarienne. Il défend ainsi l'expansion du territoire pour y développer l'agriculture, qu'il considère comme le socle d'une société solide et morale, dénonçant par là la corruption de l'Europe par l'industrie et l'argent.

LA QUESTION DE L'ESCLAVAGE ET DU TRAITEMENT DES AMÉRINDIENS

À travers la réflexion de Thomas Jefferson au sujet de la création d'un vaste empire agricole apparaît sa position paradoxale quant à l'esclavage. Si, dès la rédaction de la Constitution, il dénonce la traite des Noirs, la culture du tabac et du coton nécessite cependant une main-d'œuvre importante. Ainsi, sur les trois domaines qu'il possède, Thomas Jefferson emploie lui-même près de 600 esclaves. Par ailleurs, même s'il considère qu'asservir et faire le commerce d'êtres humains est révoltant, il n'est pas pour autant persuadé de l'égalité entre les Noirs et les Blancs. Ces vues pourraient laisser penser qu'il défend l'esclavage, mais, avant sa présidence, il est intervenu pour que figure dans la Constitution de Virginie la possibilité pour chaque propriétaire d'émanciper individuellement ses esclaves. Et, lorsque sa femme décède, il fonde une famille avec l'une de ses esclaves, Sally Hemings (vers 1773-1835).

Toutefois, même s'il soutient l'idée de l'émancipation individuelle et interdit l'importation d'esclaves, il ne tranche jamais clairement la question durant sa présidence. L'ambiguïté de sa position se traduit également par ses difficultés à envisager l'intégration de la population noire en tant que citoyens à part entière. Il préfère l'idée de la création d'un État en Afrique pouvant accueillir les esclaves affranchis.

Parallèlement, il réitère l'injonction de traiter avec les Indiens avec justice, en leur achetant équitablement leur terre. Mais l'expansion vers l'Ouest, après l'achat de la Louisiane et son exploration, suscite de vives tensions et de rudes négociations. Si la volonté affichée est la « civilisation » des Amérindiens et leur intégration dans le système agricole rêvé par Thomas Jefferson, la réalité est plutôt celle de la spoliation, du dépouillement et de la déportation des populations.

LA POLITIQUE ÉTRANGÈRE, CHASSE GARDÉE DU PRÉSIDENT

Malgré le souhait de Thomas Jefferson de limiter les pouvoirs du gouvernement fédéral et le droit de regard de la Cour suprême sur certaines de ses décisions, le président fait de la politique étrangère son domaine réservé et tente de poursuivre une politique étrangère non partisane : comme les fédéralistes avant lui, il choisit de pré-server au maximum la position de neutralité des États-Unis dans les conflits qui opposent les puissances européennes, afin de défendre les intérêts de son pays. Mais quand ceux-ci sont en péril, il n'hésite pas à intervenir, comme c'est le cas en Méditerranée entre 1801 et 1805 lors des guerres barbaresques. Celles-ci visent à mettre un terme à la piraterie qui fragilise le commerce maritime des États-Unis et des nations européennes, et ce malgré les différents accords signés avec l'Empire ottoman. En 1801, Thomas Jefferson refuse une nouvelle demande de tribut exigée par le pacha de Tripoli. Pour se venger, ce dernier déclenche les hostilités en détruisant une frégate américaine, le *Philadelphia*. Le président des États-Unis décide alors de riposter, sans demander au préalable l'accord du Congrès, et fait bombarder Alger et Tripoli. L'opération est approuvée *a posteriori* par le Congrès, qui décide le maintien des troupes de l'*US Navy* en Méditerranée.

L'ACHAT DE LA LOUISIANE

La présidence de Thomas Jefferson est également marquée par l'achat de la Louisiane, lui permettant de doubler la superficie de son territoire. Alors qu'elle appartenait à la France depuis 1682, celle-ci a dû céder au fil des ans certaines parties à l'Espagne suite au traité de Fontainebleau de 1762 et à la Grande-Bretagne suite au traité de Paris signé l'année suivante. En 1800, l'Espagne, fragilisée dans ses colonies américaines et redoutant les conséquences de l'arrivée au pouvoir de Napoléon Bonaparte, rétrocède à la France par le traité de San Ildefonso les terres situées sur la rive gauche du Mississipi, qu'elle avait reçues quelques années auparavant.

Thomas Jefferson, souhaitant ouvrir le fleuve et le port de la Nouvelle-Orléans au commerce américain, craignant en outre la présence d'un empire colonial français à ses portes et désireux d'obtenir un territoire pour réaliser son rêve agrarien, envoie secrètement à Paris deux émissaires, James Monroe (homme d'État américain, 1758-1831) et Robert Livingston, afin de négocier l'achat de la Nouvelle-Orléans. À sa grande surprise, Napoléon Bonaparte lui propose l'ensemble de la Louisiane, craignant qu'un conflit n'y éclate alors qu'il s'est engagé contre la Grande-Bretagne en Europe. En effet, si une telle situation se produit, il est à peu près certain de ne pouvoir défendre le territoire louisianais contre les Anglais. Le céder aux États-Unis est donc une façon de le protéger des ambitions britanniques. L'opération est finalement conclue en avril 1803 : pour 60 millions de francs et une annulation de dette, Thomas Jefferson acquiert un territoire de deux millions de kilomètres carrés. Toutefois, la transaction est source de critiques dans les deux pays : alors qu'en France, certains refusent de renoncer aux possibilités coloniales, aux États-Unis, les fédéralistes, pour qui l'économie américaine doit reposer sur l'industrie et la fin de l'esclavage, voient dans l'acquisition de la Louisiane le triomphe de l'économie de plantation et craignent les répercussions qu'une telle transaction pourrait avoir sur les relations avec la Grande-Bretagne, premier partenaire commercial. Ajoutons à cela le fait que Thomas Jefferson n'a pas consulté le Congrès avant de lancer les négociations, s'octroyant une nouvelle fois une prérogative qui n'est pas prévue par la Constitution.

L'EXPÉDITION LEWIS ET CLARK ET LA CONQUÊTE DE L'OUEST

Après cette acquisition, Thomas Jefferson, en grand érudit passionné par la découverte et les sciences, mais également motivé par le désir d'expansion de la jeune nation, lance en 1804 une grande expédition pour découvrir le « nouveau monde ». À la tête du corps expéditionnaire (*Corps of Discovery*) se trouvent Meriwether Lewis et William Clark, lieutenant d'infanterie et ami du premier. Après avoir préparé leur périple par la lecture de récits de trappeurs et de coureurs des bois, les deux hommes prennent la route au printemps 1804 à partir de Camp Dubois, en face de Saint-Louis, à l'embouchure du Missouri, avec une troupe d'une trentaine d'hommes, des présents et des armes pour faire face aux rencontres avec les nations indiennes.

Ensemble, ils suivent les fleuves et les rivières à bord de pirogues et traversent pendant deux ans le continent jusqu'au Pacifique, en passant sur le territoire de ce qui deviendra le Missouri, l'Illinois et le Kansas. Ils franchissent ensuite pour la première fois les Rocheuses et rencontrent de nombreuses nations indiennes. Véritable épopée, l'expédition connaît le froid, les maladies, des aventures périlleuses telles que l'ascension du col Lolo (*Lolo Trail*) sur la ligne de crête du massif Bitteroot (Idaho) ou la traversée de rapides et de chutes vertigineuses. Au moment de franchir les chutes du Missouri, les aventuriers sont contraints d'escalader les parois abruptes tout en portant leurs pirogues et leur matériel, épisode connu sous le nom du « grand portage ». Parvenus en décembre 1805 sur les rives de l'océan Pacifique, dans l'embouchure du fleuve Columbia (Oregon), ils hivernent jusqu'au printemps, période à laquelle ils prennent le chemin du retour. Les deux compagnons se séparent ensuite afin d'explorer pour l'un la *Maria River*, située près de la frontière canadienne, et pour l'autre la *Yellowstone River*, dans le Montana. Ils se retrouvent à l'embouchure de cette dernière et du Missouri quelques mois plus tard et sont de retour à Saint-Louis en septembre 1806.

Durant ces deux années et demie, l'expédition s'est chargée de dresser l'inventaire de la faune et de la flore des nouveaux territoires et de dessiner de nouvelles cartes. Les zones découvertes sont ensuite échangées de gré ou de force avec les Amérindiens, découpées en territoires délimités par les frontières naturelles, puis divisées en lots vendus par l'État à des colons. Une fois que le nombre d'habitants prévus par l'ordonnance du Nord-Ouest est atteint (c'est-à-dire 60 000) et que les institutions républicaines y sont adoptées, les nouveaux territoires peuvent prétendre au statut d'État. Thomas Jefferson y trouve là l'assouvissement de sa soif de savoirs et de connaissance, mais voit surtout naître son grand dessein politique de faire des États-Unis la plus vaste république au monde.

RÉPERCUSSIONS

Thomas Jefferson, premier président républicain-démocrate, a laissé sa trace dans de nombreux domaines. Il a tout d'abord tenté de faire des États-Unis une république telle qu'il l'imaginait, avec un État fédéral aux pouvoirs limités, mis au service d'une société morale et vertueuse composée de propriétaires terriens soutenant une économie avant tout agricole.

Tout en limitant le rôle du pouvoir central, il donne néanmoins à la fonction présidentielle une importance majeure, en outrepassant parfois les règles de la Constitution. Par ailleurs, son idéal républicain le pousse à plusieurs reprises à aller à l'encontre de ses propres convictions, désirant mettre en œuvre les moyens nécessaires pour respecter l'intérêt supérieur de la nation. Rappelé à l'ordre lors de l'affaire Marbury contre Madison pour l'utilisation abusive de son pouvoir discrétionnaire de nomination des juges, il instaure malgré lui l'un des fondements juridiques des États-Unis actuels : le contrôle de la constitutionnalité (*judicial review*) par la Cour suprême.

Thomas Jefferson est également le président des paradoxes, comme a pu le démontrer son attitude vis-à-vis de la question de l'esclavage. Alors qu'il dénonce la traite des Noirs et leur exploitation, son rêve d'une grande nation agrarienne nécessite une économie fortement dépendante de l'esclavage. Par ailleurs, il soutient l'idée de la création d'un État africain, où les esclaves affranchis pourraient vivre libres, projet qui souligne une fois encore les problèmes soulevés par l'intégration de la population noire dans la société américaine. Ce projet, finalement mené par l'*American Colonisation Society* du congressiste Henry Clay (homme politique américain, 1777-1852), aboutit en 1822 avec la création de la ville de Monrovia et la reconnaissance en 1847 de la république du Liberia. Mais sur le territoire américain, Thomas Jefferson et ses successeurs laissent la question en suspens, aggravant involontairement le problème par une politique d'expansion territoriale qui pose à la fois la question du recours à la main-d'œuvre servile et est, en outre, source de nombreuses tensions avec les populations amérindiennes. La situation avec les deux peuples qui constituent pourtant la majorité des habitants des États-Unis sans en être citoyens ne cessera de s'aggraver jusqu'à déclencher 50 ans plus tard la guerre de Sécession et les guerres indiennes.

Les intentions diplomatiques de Thomas Jefferson vis-à-vis de l'Europe, en particulier au cours du conflit qui oppose la France et la Grande-Bretagne, se veulent résolument neutres. Mais, loin de parvenir à ses fins, ses décisions mènent à la crise financière et à la guerre. En effet, alors qu'il était parvenu, au début de son premier mandat, à imposer un régime strict aux dépenses du gouvernement fédéral et à réduire ainsi la dette, il précipite l'économie américaine dans une crise majeure avec *l'Embargo Act* qui entraîne la chute du commerce d'import-export. En effet, pour se venger de cette loi qui interdit l'entrée des ports américains aux navires anglais, la Grande-Bretagne impose à son tour un blocus en Europe, bloquant les activités commerciales américaines avec les autres nations, et soutient les Amérindiens face aux colons dans les territoires nouvellement conquis de l'Ouest. Toutes les tensions accumulées entre les deux nations à la fin du mandat présidentiel sont l'une des causes de la guerre qui les opposera en 1812.

Les idéaux de Thomas Jefferson concernant la colonisation des territoires de la Louisiane sont également confrontés à une réalité plus prosaïque. Alors qu'il voyait dans l'acquisition de ce vaste territoire exploré par Meriwether Lewis et William Clark la concrétisation de son rêve d'une vaste république égalitaire de petits propriétaires terriens, il est en fait indirectement à l'origine d'un important mouvement de spéculation foncière, privant les plus modestes de terrains à cultiver et les poussant toujours plus loir à l'Ouest. La pression ainsi exercée sur des territoires de plus en plus lointains entretient également pendant plusieurs décennies la vivacité des tensions avec les nations indiennes, avec lesquelles Thomas Jefferson s'était pourtant efforcé de pacifier les relations.

En définitive, Thomas Jefferson est un homme d'une grande complexité, tiraillé entre un idéal issu de la philosophie des Lumières et la réalité du pouvoir et de son exercice, qui a frappé de son sceau si particulier un exécutif en pleine élaboration.

13 avril 1743	Naissance de Thomas Jefferson
1775-1783	Guerre d'Indépendance
1789-1795	Secrétaire d'État de George Washington
4 mars 1801	Investiture de Thomas Jefferson
Avril 1803	Achat de la Louisiane
1804	Expédition Lewis et Clark
4 mars 1805	Seconde investiture de Thomas Jefferson
4 mars 1809	Investiture de James Madison
1819	Inauguration de l'Université de Virginie
4 juil. 1826	Mort de Thomas Jefferson

- Né en 1743, Thomas Jefferson débute sa carrière au barreau de Virginie en 1767.
- Plus doué de sa plume que reconnu pour ses talents d'orateur, il est l'auteur principal du texte de la Déclaration d'indépendance qui est adopté par le Congrès continental le 4 juillet 1776.
- En janvier 1789, il est nommé secrétaire d'État par George Washington récemment élu à la tête des États-Unis.
- S'engageant de plus en plus en politique, il devient le chef de file du Parti républicain-démocrate et se montre partisan d'un gouvernement fédéral aux prérogatives limitées et

contrôlé par le peuple. Il souhaite également accorder une certaine indépendance aux États, soulignant ainsi les libertés individuelles.

- Sept ans plus tard, il se présente aux élections présidentielles, mais il est battu par John Adams avec qui il est régulièrement en désaccord. Il obtient néanmoins le titre de vice-président.

- En février 1801, il devient le 3ᵉ président des États-Unis et est réélu quatre ans plus tard.

- Durant son mandat, il parvient à réduire les dépenses des armées terrestre et maritime, à supprimer les taxes qui ont causé des émeutes sous la présidence de ses deux prédécesseurs et à réduire la dette nationale.

- Sa position quant à la question cruciale de l'esclavage est paradoxale. Il participe pourtant activement à limiter la traite des Noirs et à donner la possibilité à chaque propriétaire de Virginie d'émanciper ses esclaves. Toutefois, ses rêves d'un vaste empire agricole nécessitent une main d'œuvre servile importante.

- En 1803, alors qu'il désire acheter la Nouvelle-Orléans à la France, Napoléon Bonaparte lui propose d'acquérir l'ensemble de la Louisiane pour un prix dérisoire. Cette acquisition lui permet de doubler la superficie de son territoire.

- Passionné par les découvertes, il lance un an plus tard une grande expédition pour explorer le nouveau monde. À la tête du corps expéditionnaire se trouve son conseiller personnel, Meriwether Lewis, et William Clark. Durant plus de deux ans, les explorateurs sont chargés de dresser l'inventaire de la faune et de la flore ainsi que de nouvelles cartes. Les zones traversées sont ensuite achetées aux Amérindiens, découpées en territoires et vendues par lots à des colons.

- À la fin de son deuxième mandat, Thomas Jefferson décide d'arrêter la politique et retourne chez lui pour s'adonner à la création de l'université de Virginie.

POUR ALLER PLUS LOIN

SOURCES BIBLIOGRAPHIQUES

- BRENDA (Pierre) et LENTZ (Thierry), *Napoléon. L'esclavage et les colonies*, Paris, Fayard, 2006.
- BRUCE (David K.), *Les présidents des USA de George Washington à Abraham Lincoln*, Paris, Gallimard, 1954.
- Bureau international de l'économie américaine, *Esquisse de l'économie américaine*, Paris, Belin, Paris, 2012.
- DESBIENS (Albert), *Histoire des États-Unis. Des origines à nos jours*, Paris, Éditions du Nouveau Monde, 2012.
- FOHLEN (Claude), *Thomas Jefferson*, Nancy, Presses universitaires de Nancy, 1992.
- KASPI (André), *La naissance des États-Unis. Révolution ou guerre d'indépendance ?*, Paris, Presses universitaires de France, 1972.
- LAGAYETTE (Pierre), *Thomas Jefferson et l'Ouest. : L'expédition de Lewis et Clark*, Paris, Ellipses, 2002.
- MEYER (Jean), *L'Europe et la conquête du monde, XVIe-XVIIe siècles*, Paris, Armand Colin, 2009.
- PORTES (Jacques), *Histoire des États-Unis. De 1776 à nos jours*, Paris, Armand Colin, 2010.
- « Thomas Jefferson », in *Miller center*, consulté le 2 février 2014. http://millercenter.org/president/jefferson/essays/biography/5
- « Thomas Jefferson », in *The White House*, consulté le 2 février 2014. http://www.whitehouse.gov/about/presidents/thomasjefferson

SOURCES COMPLÉMENTAIRES

- Faulkner (Harold Underwood), *Une histoire économique des États-Unis d'Amérique des origines à nos jours*, Paris, PUF, 1958.
- Gérard (Hugues), « La diagonale du loup : Jefferson et l'esclavage », in XVII-XVIII. Bulletin de la société d'études anglo-américaines des XVIIe et XVIIIe siècles, n° 52, 2001, p. 205-218.
- Marienstras (Élise), « L'Empire de la liberté selon Thomas Jefferson : un oxymore emblématique de la pensée nationale américaine à l'époque de l'expédition de Lewis et Clark (1804-1806) », in XVII-XVIII. Bulletin de la société d'études anglo-américaines des XVIIe et XVIIIe siècles, n° 63, 2006, p. 155-170.
- Sargent (Thomas J.), *Les États-Unis naguère. L'Europe aujourd'hui*, in OFCE, n° 126/7, 2012.

FILMS ET DOCUMENTAIRE

- *Jefferson à Paris*, film de James Ivory, avec Nick Nolte, Greta Scacchi et Thandie Newton, France, États-Unis, 1995.
- *Thomas Jefferson*, mini-série, réalisée par Ken Burns, avec Sam Waterston, Gwynethe Paltrow et Ossie David, États-Unis, 1997.
- *Lewis et Clark : Great Journey West*, documentaire produit par National Geographic, 2002.

MUSÉE

- La maison de Thomas Jefferson (Virginie).

www.50minutes.com

Éditeur responsable : Lemaitre Publishing
Rue Lemaitre 6 | BE-5000 Namur
info@lemaitre-editions.com

ISBN ebook : 978-2-8062-5434-4
ISBN papier : 978-2-8062-5614-0
Dépôt légal : D/2014/12603/43
Photo de couverture : © Rembrandt Peale

Conception numérique : Primento,
le partenaire numérique des éditeurs